세상을 바꾸는 **아름다운 부자 이야기 08**

스웨덴의 자랑
발렌베리 사람들

세상을 바꾸는 아름다운 부자 이야기 08
스웨덴의 자랑 발렌베리 사람들

기획 · 손영운
글 · 박용희
그림 · 강명종

펴낸이 · 조승식
책임편집 · 이혜원
편집 · 박진희, 조슬지, 이수정, 박예슬, 이경남
제작 · 이승한
마케팅 · 김동준, 변재식, 임종우, 이상기
관리 · 박종환
펴낸곳 · BH balance & harmony
등록 · 제22-457호
주소 · 01043 서울 강북구 한천로 153길 17
홈페이지 · www.bookshill.com
전자우편 · bookshill@bookshill.com
전화 · (02)994-0071
팩스 · (02)994-0073

2019년 5월 10일 1판 1쇄 인쇄
2019년 5월 15일 1판 1쇄 발행

값 12,000원
ISBN 979-11-5971-212-8
       978-89-5526-936-9(세트)

BH balance & harmony는 (주)도서출판 북스힐의 그래픽노블 임프린트입니다.
* 잘못된 책은 구입하신 서점에서 바꿔 드립니다.
   이 책의 수익금 일부는 어려운 이웃을 돕는 단체에 기부됩니다.

기획자 글

멋진 부자가 되기를 바라며

우리는 부자를 꿈꿉니다. 좋은 동네에 있는 으리으리한 집에서, 남들이 부러워하는 멋진 차를 타고, 또 원하는 명품은 뭐든 살 수 있는 돈 많은 부자가 되었으면 좋겠습니다. 그래서 돈 많이 버는 직업을 갖고 싶고, 유명한 사람이 되었으면 좋겠고, 하는 일은 무엇이든 '대박'이 터졌으면 좋겠습니다.

그런데 이런 우리의 생각을 뛰어넘어 '더 멋진 삶'을 사는 부자들이 있습니다. 그들은 내가 가진 것으로 우리 가족 몇 명이 아니라 세상의 아주 많은 사람들을 행복하게 할 수 있다고 믿는 사람들입니다. 대표적인 사람이 빌 게이츠입니다.

빌 게이츠는 먼저 자신이 하는 일을 이용해서 학교와 도서관에 컴퓨터를 무료로 나누어 주었습니다. 그리고 아프리카 어린이들이, 손쉽게 구할 수 있는 약을 구하지 못해 속수무책으로 죽어 가는 것을 본 후에는 그 아이들을 위해 엄청난 돈을 내놓았습니다. 덕분에 아프리카 아이들이 목숨을 건지고 미래를 꿈꿀 수 있게 되었습니다. 그는 1994년 한 잡지사와의 인터뷰에서, 많은 재산을 자녀들에게 남기는 것은 정신 건강에 해롭다면서, 번 돈의 95%를 사회에 내놓겠다고 약속하기도 했습니다. 한 사람의 부자가 어떤 마음을 먹느냐에 따라 아주 많은 사람들의 삶이 바뀌고, 진정한 부자란 이렇게 멋지게 세상에 영향을 끼치는 사람이구나 하고 전 세계가 놀라고 감동했습니다.

　"세상을 바꾸는 아름다운 부자 이야기"는 우리가 본받고 싶은 '진짜' 부자들의 삶을 그린 만화입니다. 그들이 꿈을 이루기 위해 어떻게 어려움을 이겨내고 또 어떤 노력을 기울였는지를 볼 수 있습니다. 그리고 부자가 되는 것도 힘들지만, 피땀 흘려 번 돈을 사회나 이웃을 위해 쓰기는 더더욱 어려운 일입니다. 우리는 그들이 왜 힘들게 번 돈을 다른 사람을 위해 아낌없이 내놓았는지, 각 사람의 이유도 들을 수 있습니다.

　석유왕 록펠러는 이런 말을 했습니다. "나는 신으로부터 돈을 벌 수 있는 재능을 받았기 때문에 돈을 버는 것은 내 의무이며, 더 많은 돈을 주위 사람들에게 양심이 시키는 대로 써야 한다."

　이 책을 읽는 여러분도 꿈을 꾸고 그것을 이루기 위해 꾸준히 노력할 수 있다면, 이미 부자가 될 수 있는 재능을 받은 것이라고 저는 믿습니다. 그런 여러분이 이 책의 주인공들처럼 열심히 살며 주위 사람들에게 양심이 명하는 대로 나눌 수 있는 진짜 멋진 부자가 되기를 바라 봅니다.

기획자 손영운

★ 이 책의 이야기는 사실을 바탕으로 각색되었음을 밝힙니다.

차례

첫 번째 이야기 ...8
발렌베리 이야기

두 번째 이야기 ...28
바다 사나이, 은행을 열다

● 발렌베리가의 150년 신화! ...48

세 번째 이야기 ...52
세대교체, 그리고 스웨덴의 거인으로 도약하며

네 번째 이야기 ...70
선장이 우선, 그다음이 배!

● 발렌베리가의 승계 전략 ...88

다섯 번째 이야기 ...92
두 개의 왕좌 그리고 가문의 전통

여섯 번째 이야기 ...108
자유로운 영혼의 소유자, 라울

- 100년 기업을 키우다! ...130

일곱 번째 이야기 ...134
방황 끝에 할 일을 찾다

여덟 번째 이야기 ...156
헝가리 유대인들의 수호천사

- 노블레스 오블리주 ...180

아홉 번째 이야기 ...182
어둠 속에서 더욱 빛나는 별

열 번째 이야기 ...206
사라지지 않는 별

- 발렌베리가의 자녀 교육 10훈 ...222
- 되짚어 보고 생각해 보고 ...224
- 발렌베리가 연보 ...226

첫 번째 이야기
발렌베리 이야기

14세기, 영국과 프랑스가 백 년 전쟁 중이던 때에 프랑스의 칼레라는 도시가 공격을 받았단다.

공격—!

사람들은 도시를 지키려고 노력했지만, 결국은 포위되어 모두가 죽을 위기에 놓였지.

살려 달라는 시민들의 간청에 영국 왕은 놀라운 제안을 했어.

좋아, 자비를 베풀어 주지.

너희 중 여섯 명이 대표로 죽는다면, 다른 사람들은 모두 살려 주마.

조각가 로댕이 만든
〈칼레의 시민〉은
이런 이야기를 담고 있단다.

이렇듯 어려운 사람을 돕거나
어려운 일에 먼저 앞장서는 귀족의
의무를 프랑스어로
'노블레스 오블리주'라고 하는데

오래전부터
오늘날까지

세계 곳곳에는
이 노블레스 오블리주를
행동으로 옮기는 사람들이
많아.

1835년 즈음, 개척이 덜 된 미국 대륙은 유럽 사람들이 몰려드는 기회의 땅이었다.

앙드레는 이민자들의 꿈과 야망으로 세워진 젊은 나라가 빠르게 발전하는 것을 보았다.

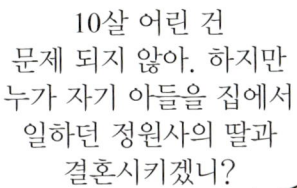

가족이 늘자, 앙드레는 해군 일 말고도 배를 만드는 조선소를 운영하고, 투자 일도 적극적으로 하며 더 열심히 일했다.

1850년에는 시민들의 지지를 받아, 스웨덴 중부 순스발 지역의 해군 책임자 겸 지역 대표 의원이 되었고,

그리고 짬짬이 하던 재산 관리 일도 바빠졌다.

이렇게 시작된 정치 활동은 스웨덴 의회, 스톡홀름 시의회 등을 거치며 이후 30년 동안 계속되었다.

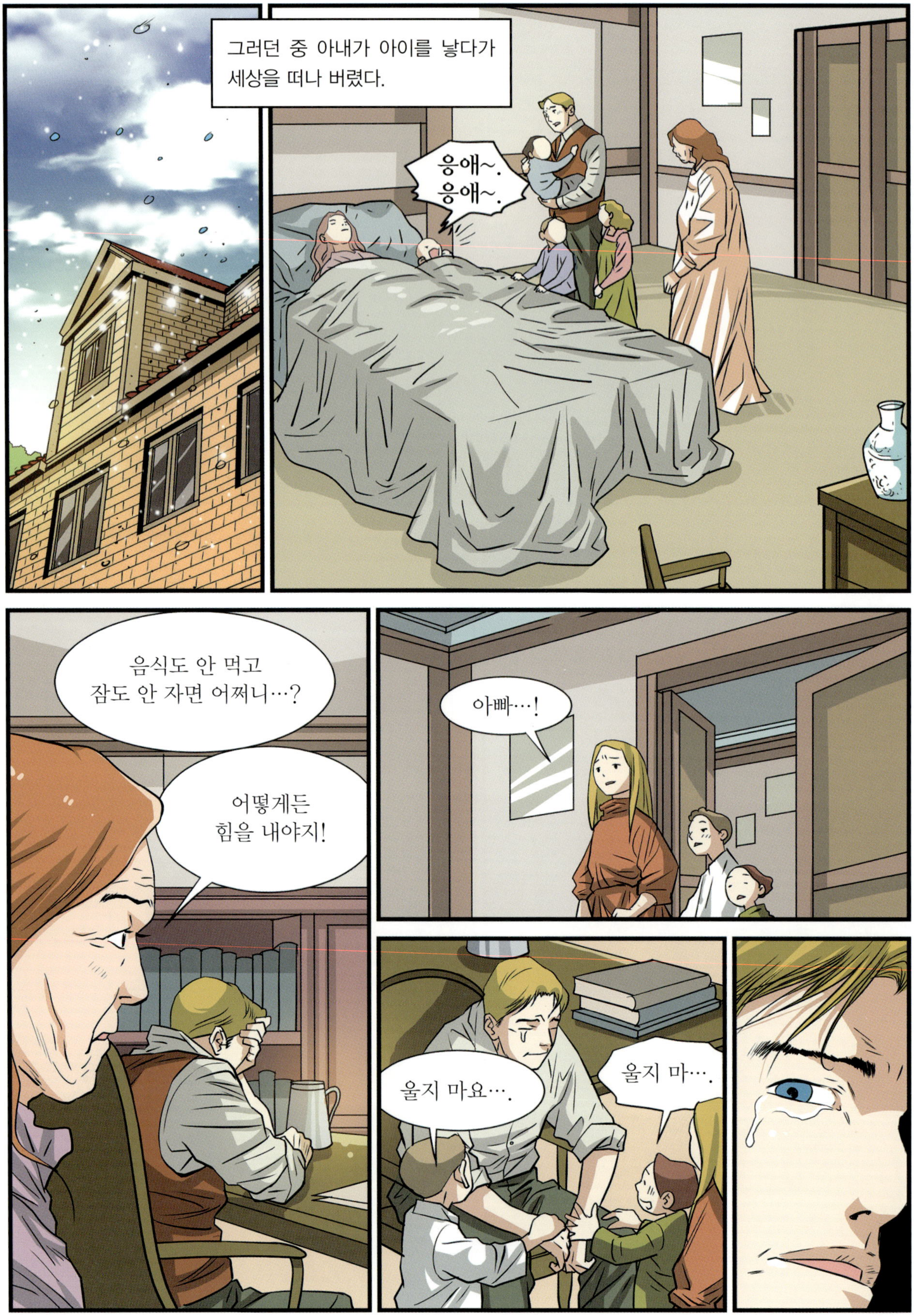

그러던 중 아내가 아이를 낳다가 세상을 떠나 버렸다.

응애~.
응애~.

음식도 안 먹고 잠도 안 자면 어쩌니…?

어떻게든 힘을 내야지!

아빠…!

울지 마요….

울지 마….

1856년, 시련을 딛고 앙드레는 은행 문을 열었다.

스웨덴 최초의 현대 은행, 스톡홀름 엔실다 은행이었다.

• 엔실다는 스웨덴어로 '개인'이라는 뜻이다.

산업 혁명의 영향

18세기에 증기 기관의 발달로 영국에서 산업 혁명이 일어난 이후에, 각 공장은 사람 대신 기계를 이용하면서 한 번에 아주 많은 물건을 생산해 내게 되었다. 공장에서 쏟아져 나오는 상품들은 철도를 따라 운반되었고, 아직 농업 위주의 사회였던 유럽 전체에 산업화 열풍이 불었다. 이런 산업화에 필요한 철광석과 목재가 스웨덴에 풍부했기 때문에, 산업화의 바람은 스웨덴의 경제에도 큰 영향을 미쳤다.

일하는 여성들의 발길은 그들을 맞이할 준비를 해 둔 스톡홀름 엔실다 은행으로 향했다.

저, 들어가실 건가요?

앗, 죄송해요!

여성을 직원으로 뽑았다는 것은?
산업 혁명 이후 가사일만 하던 여성들이 사회로 나와 자신들이 받는 차별을 깨닫고 권리를 바로 세우려고 노력하였다.
법적으로 여성이 정치에 참여하는 참정권이 1900년 이후에 인정된 것을 생각하면, 이때 스톡홀름 엔실다 은행에서 여성을 책임 있는 자리의 직원으로 썼던 것은 파격 그 자체였다.
여성인권 운동가였던 아내의 영향으로 생각할 수도 있겠지만, 스톡홀름 엔실다 은행에서 처음 여성을 직원으로 뽑은 것은 안나를 만나기 전인 1857년이었으니, 앙드레 오스카 발렌베리는 생각이 매우 앞선 사람이었다.

발렌베리가의 150년 신화

국민의 사랑과 존경을 한 몸에 받는 스웨덴의 대재벌

발렌베리가는 무려 150년 동안 5대에 걸쳐 번영을 누리는 스웨덴의 대재벌이에요. 소유 기업만으로 스웨덴 주식 시장 절반을 구성할 정도로 막강한 경제적인 힘을 갖고 있지만, 적극적인 사회 공헌으로 적대감은커녕 오히려 국민의 사랑과 존경을 한 몸에 받아요. 발렌베리가는 가족 경영의 대표적인 성공 사례로, 1856년에 설립되어 현재까지 번창하고 있어요. 2000년대 초반 IT 거품 붕괴로 잠시 주춤하기도 했으나 줄곧 고속 성장을 거듭해 왔어요. 영국의 경제 전문지〈파이낸셜 타임스〉는 발렌베리가를 "유럽 최대의 산업 왕국"으로 평가하기도 했어요. 물론 발렌베리가의 성공은 후손들의 뛰어난 경영 능력 덕분에 가능했어요. "창업자 세대는 기업을 설립하고, 2세대는 기업을 물려받고, 3세대는 기업을 파괴한다."는 유럽의 속담도 발렌베리가에게만은 예외였지요.

최고 수준의 경쟁력을 갖춘 발렌베리가의 자회사들

발렌베리가는 모두 14개의 기업을 핵심 자회사로 소유하고 있어요. 이 가운데 에릭슨을 비롯한 11개 기업을 지주 회사인 인베스터를 통해, 스토라엔소 등 나머지 3개 기업은 발렌베리 재단을 통해 지배권을 행사해요. 이 가운데 무려 5개 기업이 세계 1위

자리를 차지해요. 우리에게도 잘 알려진 에릭슨은 통신 장비 분야에서 세계 1위이며, ABB는 발전 설비, 일렉트로룩스는 가전 제품, 스토라엔소는 제지, SKF는 베어링 분야를 대표해요. 다른 자회사들도 이들 못지않게 명성을 떨치고 있어요. 제약 회사인 아스트라제네카는 위궤양약 로섹을 개발해 단일 품목으로는 세계 판매 1위를 기록했어요. 또한 세계적인 항공기 제조 업체인 사브는 차세대 전투기 그리펜을 생산하고 있어요.

스웨덴에서 발렌베리가의 영향력

경제적인 면에서 보면, 발렌베리가의 자회사들은 스톡홀름 증권 거래소 시가 총액의 절반 이상을 차지해요. 스톡홀름 증권 거래소 자체도 발렌베리가의 소유예요. 스웨덴 국내 총생산(GDP)의 30%를 발렌베리가가 차지해요. 발렌베리가를 빼곤 스웨덴 경제를 이야기할 수 없지요. 발렌베리가는 스웨덴 왕가, 집권당인 사회민주당 지도부, 주요 노조 지도자들과도 탄탄한 인적 네트워크를 형성하고 있어요. 스톡홀름 경제 대학(일명 발렌베리 대학)을 세웠으며, 스웨덴 최대 상업 방송인 TV4와 스톡홀름 2대 일간지 중 하나인 〈스벤스카 다그블라데트〉를 한때 소유하기도 했어요.

발렌베리가의 후원

발렌베리가는 스웨덴의 다른 재벌 기업들이 무거운 세금을 피해 스위스 등지로 빠져나가는 동안 노벨 재단보다 훨씬 규모가 큰 공익 재단을 만들어 스웨덴의 첨단 과학 기술 연구를 후원했어요. 또한 발렌베리가는 두 차례의 세계 대전 때 위기에 처한 조국을 구하고자 외무 장관으로 활약하는가 하면, 강대국과의 무역 협상에서는 숨은 협상자로 헌신했어요. 그러면서도 검소함과 절제를 가문의 오랜 전통으로 지켜 왔어요. 1932년 사회민주당이 처음 정권을 잡자 발렌베리가는 그들을 적극 후원했어요.

발렌베리가를 건설한 사람들

앙드레 오스카 발렌베리 발렌베리가 역사의 모태가 된 스톡홀름 엔실다 은행(SEB의 전신)의 창업자로, 혁신적인 경영 능력과 정열적인 정치가적 능력을 발휘해 스웨덴 내에서 엄청난 영향력을 뽐냈어요.

크누트 아가손 발렌베리 1차 세계 대전 당시 스웨덴의 외무 장관으로 활동할 정도로 탄탄한 국제적 네트워크를 가졌어요. 이복동생인 마르쿠스 발렌베리와 함께 은행에 채무를 진 잠재력 있는 부실기업들을 인수해 발렌베리가의 확장에 큰 기여를 했어요. 자녀가 없었던 그는 아내인 앨리스와 함께 크누트와 앨리스 발렌베리 재단을 설립해 자신의 전 재산을 기부했어요.

마르쿠스 발렌베리와 야코브 발렌베리 이 두 사람은 현재 발렌베리 기업들을 이끌고 있는 발렌베리 5세대예요. 마르쿠스 발렌베리는 SEB 회장, 야코브 발렌베리는 인베스터 회장이에요. 2세대인 크누트 아가손 발렌베리와 마르쿠스 발렌베리로부터 시작된 두 발렌베리 체제는 "견제와 균형"의 원리를 효율적으로 활용해 발렌베리가가 150년 동안 명성을 누리는 데 큰 역할을 하고 있어요.

안더스 샤프 현재 SKF의 CEO로 세계적인 경기 침체와 이자율 상승으로 한때 위기를 맞았던 일렉트로룩스를 위기에서 구해 낸 인물이에요. 발렌베리가는 지금까지도 소유 기업들의 경영권을 대부분 능력 있는 경영자에게 맡기는 "선장이 우선, 그 다음이 배"라는 그들의 경영 철학을 철저히 지켜 나가요.

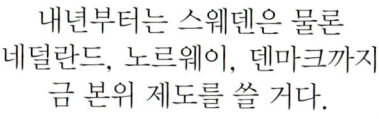

사실 이것은 앙드레가 꾸민 연극이었다.

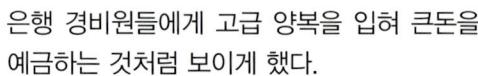

은행 경비원들에게 고급 양복을 입혀 큰돈을 예금하는 것처럼 보이게 했다.

국민들의 불안을 가라앉히려고 스웨덴 국왕도 나섰다.

위기를 극복하고자 어쩔 수 없이 선택한 방법이었다.

국왕이 스톡홀름 엔실다 은행에 예금한다던데.

1만 크로나•나 된대.

그 정도로 스톡홀름 엔실다 은행을 믿는 거겠지?

• 크로나: 스웨덴의 화폐 단위이다.

앙드레 다음으로 은행을 이어받은 사람은 죽은 형을 대신해 장남이 된 크누트 아가손 발렌베리였다.

크누트는 앙드레의 첫째 부인 카트리나의 둘째 아들로, 그가 8살 때 안나가 새엄마로 왔고,

크누트의 형제는 안나가 낳은 아이들까지 모두 21명이었다.

• 시니어: 연장자의 뜻이 있다. 아들 마르쿠스 주니어와 구분하여 마르쿠스 시니어로 불린다.

배보다 선장이 우선이다.
해군과 항해를 전통으로 생각해 온 발렌베리 가문이 사업을 하면서 세운 원칙으로, 우선 유능한 선장(리더)이 있어야 배(기업)를 잘 이끌어 간다는 뜻이다. 사업에서 리더의 중요성을 강조한 말이다.

1914년, 1차 세계 대전이 일어났다.

스웨덴은 전쟁이 일어나자 그 어느 편에도 서지 않겠다고 선언하여 전쟁의 피해를 받지 않았지만,

전쟁 중인 유럽 대륙으로 오가기가 어려워지고, 또 연합국이 바닷길까지 막아 버려 경제가 흔들리기 시작했다.

거, 큰일이야. 모든 길이 막히니 외국에서 물건들을 들여올 수 없고….

그뿐이면 다행이지. 사람도 오갈 수 없잖아.

발렌베리가의 승계 전략

　발렌베리가는 자녀를 교육하는 데 아주 어린 시절부터 강인한 의지와 국제적인 시각을 가진 유능한 경영자를 강조했어요. 이를 위해 해군 사관 학교에 입학해 힘난한 바다 생활을 경험하게 했어요. 또한 외국의 선진 금융 회사에서 경험을 쌓게 해서 자연스럽게 국제적 감각을 기르게 이끌었어요. 이러한 양육 방식은 가문의 창립자인 앙드레에 의해 확립되었어요. 1856년 퇴역 해군 장교 앙드레 오스카에 의해 시작된 발렌베리가의 항해는 아직도 계속되고 있어요. 지난 150년 동안 발렌베리가는 몰라보게 확장되었으며, 소유 기업들은 한층 강해졌어요. 5대에 걸친 발렌베리가의 번영은 유능하고 책임감 있는 후계자들을 길러 낸 그들만의 독특한 양육 프로그램 덕분에 가능했어요.

치밀한 양육 프로그램

　발렌베리가의 후계자들은 일찍이 자신들이 그룹의 미래를 이끌어야 한다는 책임감 속에 자랐어요. 이들에게 가장 훌륭한 선생님은 할아버지와 아버지였어요. 집에서 사업상 손님을 맞으면, 문 옆에 앉아 대화를 듣게 한 뒤 그것에 대해 이야기를 나누었어요. 매주 일요일 아침이면 발렌베리가의 어른들은 아이들과 함께 숲을 거닐며 선조들의 위대한 업적에 대해 들려주었어요. 이를 통해 아이는 자연스럽게 사업적 감각을 익히도록 모든 배려를 아끼지 않았지요. "검소함"도 벨렌베리가의 중요한 양육 덕목이에요. 가문의 엄청난 부에도 모든 아이는 매우 검소하고 엄격하게 길러졌어요. 이와 함께 발렌베리가의 남자아이는 대부분 스웨덴 해군 사관 학교에 입학했어요. 거친 바다 생활이 강인한 정신력과 넓은 시야를 길러 주고, 스웨덴의 미래를 개척하려면 바다로 나가야 한다고 믿었던 앙드레의 영향 때문이었어요. 본격적인 교육은 국제적인 금융 회사에서 이루어졌어요. 발렌베리가의 후계자들은 해군 사관 학교를 졸업한 후, 세계 금융시장에서 국제 금융과 산업의 흐름을 익히고 폭넓은 교제망을 쌓는 발판으로 삼았어요.

혼자보다 강한 두 리더

발렌베리가는 항상 두 명의 리더를 두어 잘못된 판단의 가능성을 줄이고 경영 능력을 배로 늘렸어요. 그룹의 최상층에서부터 견제와 균형의 원리가 작동하도록 했지요. 수많은 형제 가운데 실제로 경영에 참여하는 것은 선택된 일부였어요. 리더십의 우선권은 기본적으로 장남에게 주어졌어요. 두 리더의 한 축은 장남이 맡았고, 또 다른 한 축은 자신의 능력과 의지를 스스로 보여 주는 사람에게 주어졌어요.

폭넓은 지식과 연결망

은행의 수많은 자회사를 경영하려면 폭넓은 지식을 갖추어야 해요. 전통적으로 발렌베리가의 경영자는 당대 최고의 지식을 흡수했어요. 국제적인 경영의 흐름에도 민감해 뉴욕, 런던처럼 국제적인 금융 중심지에서 경영 수업을 받았어요. 그뿐만 아니라

스웨덴 왕가의 로열 뱅크로 불리는 스톡홀름 엔실다 은행(현재 SEB).

다른 산업 분야의 세부 사항에 대해서도 줄줄이 꿰고 있었어요. 발렌베리가는 폭넓은 지식을 바탕으로 소유한 수많은 기업을 성공적으로 이끌어 나갔어요. 탄탄한 인적 연결망은 발렌베리가의 경영자들이 국제 비즈니스에서 중심 역할을 하는 기반이 되었어요. 발렌베리가의 연결망은 경제계에만 국한되지 않았어요. 발렌베리가는 유럽을 비롯한 여러 나라의 수상, 대통령들과도 정기적으로 접촉했어요. 발렌베리가의 국제적 영향력이 어느 정도인지를 짐작할 수 있어요. 소유한 기업들이 해외 시장의 문을 두드릴 때도 발렌베리가의 연결망은 큰 힘을 발휘했어요. 발렌베리가는 스웨덴 왕가의 자산을 맡아 관리하는가 하면 국왕과는 절친한 테니스 상대였어요. 집권당인 사회민주당 지도자들과도 긴밀한 관계를 유지했지요. 한편 노조 지도자들과도 자주 접촉해 거리감을 좁히려고 노력했어요. 이러한 발렌베리가의 사업 역량과 광범위한 연결망은 발렌베리 그룹을 지탱하는 힘의 바탕이 되었어요.

책임감과 기업가 정신

진정한 발렌베리는 선조들이 창조하고 이끌어 온 것을 계승해야만 했어요. 이에 발렌베리가는 가문의 명예와 전통에 대한 책임감을 심어 주고자 여러 세대에 걸쳐 선조들과 같은 이름을 반복해서 써 왔어요. 이는 단순히 물려받은 것을 유지하는 차원을 넘어 소유 기업들을 더 확장하고, 더 강하게 만들고, 시대 변화에 적응시키는 것을 의미해요. 발렌베리가의 소유권은 특권이 아니라 책임을 의미해요. 그들은 가문의 부를 선물로 여겼으며, 잘 키우고 가꾸는 것이 의무라고 생각했어요. 그래서 주말도 없이 일하는

이익의 85%를 법인세로 사회에 환원해요.

것을 당연하게 생각했어요. 누구보다 더 열심히 일하고, 일을 잘해 내는 것만이 발렌베리가의 엄청난 부와 힘에 대한 사회적 적대감을 이겨 내는 길이기 때문이에요. 발렌베리가도 때로는 수많은 위기와 실패를 경험했으며, 경쟁자들의 질투와 사회적 비난의 표적이 되기도 했어요. 하지만 그들은 타고난 기업가 정신으로 그 모든 어려움을 이겨 냈어요.

다섯 번째 이야기
두 개의 왕좌 그리고 가문의 전통

발렌베리 가문은 사업이 커지는 만큼 공적인 일에 아낌없이 투자를 하였다.

1897년에 스웨덴의 수도 스톡홀름에서 열린 세계 박람회를 후원하였고,

돈이 부족하여 건축이 어려워진 오페라 하우스를 짓는 데도 많은 돈을 투자했다.

• 가풍(家風): 그 집안만의 특징인 풍습 같은 것이다. 대를 이어 지켜 갈 정도로 가치를 두는 가치관이다.

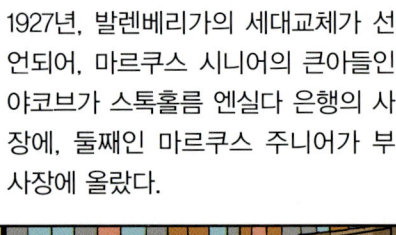

크누트와 앨리스 발렌베리 재단과 마르쿠스와 아말리아 발렌베리 재단

자식이 없던 크누트는 1917년에 자신의 전 재산을 과학 연구에 쓰고자 재단을 만들었다. 크누트와 그의 아내의 이름을 딴 이 재단은 스웨덴에서 가장 큰 개인이 세운 연구 재단으로, 크누트가 투자한 발렌베리 가문의 재산으로 계속 유지되도록 하여 지금까지도 운영된다.

마르쿠스 시니어의 경우, 그가 세상을 떠난 뒤에 큰아들인 야코브가 나서서 부모의 이름을 딴 재단을 세웠다. 그 후로 발렌베리가 사람들은 회사에 이익이 생기면 개인 재산으로 돌리지 않고 사회를 위해 쓰이도록 재단 등을 통해 회사의 수익금을 관리하게 하였다.

이렇게 같은 세대의 형제가 나란히 대표가 되는 '두 개의 왕좌'는
발렌베리 기업의 전통으로 자리 잡았다.

발렌베리가 가계도

1대

앙드레 오스카 발렌베리
SEB • 창업자

2대

크누트 아가손 발렌베리
1853~1938

마르쿠스 발렌베리 시니어
1864~1943

3대

야코브 발렌베리
1892~1980

마르쿠스 발렌베리 주니어
1899~1982

4대

마르크 발렌베리
1924~1971

페테르 발렌베리
1926~2015

5대

마르쿠스 발렌베리
1956~

야코브 발렌베리
1956~

• SEB: '스톡홀름 엔실다 은행'의 약자이며, 오늘날에는 '스칸디나비스카 엔실다 은행'으로 이름이 바뀌었다.

둘이서 뭘 사고파는 것 같기도 하고요….

뭔가 이야기하는 것 같기도 하고요….

전, 힘을 합치는 것 같아요.

그래, 두 사람인 것도 중요하지만,

서로 힘을 합쳐 함께해 나가는 것이 중요하단다.

그럼 이제 별장으로 가 볼까요?

네에~!

여섯 번째 이야기
자유로운 영혼의 소유자, 라울

구스타프 오스카 발렌베리.
"형, 어서 와요!"
"수고했다."

앙드레와 두 번째 부인인 안나 사이의 아들로, 집안의 전통에 따라 해군을 다녀온 다음,

집안의 사업을 선택하지 않고 외교관이 되어 일본과 중국 등에서 스웨덴 대사로 활동한 인물이다.

그의 아들 라울 오스카 발렌베리는 부모를 따라 가지 않고 스웨덴에 홀로 남아 성장했고,

그 역시 집안의 전통에 따라 해군 장교로 있던 중 동갑내기인 마리아 비싱과 사랑에 빠져,

그녀와 결혼했다.

하지만 그는 불행하게도 결혼한 지 1년이 되지 않아, 암에 걸린 사실을 안다.

1916년, 스웨덴

위험해!

간다~!

야호~!

슈웅

라울, 위험하다니까!

샤악

안 위험해요. 엄마도 봤잖아요. 새처럼 슝~ 날아서 멋지게 왔잖아요!

할아버지는 힘이 닿는 대로 라울 가족을 보살폈지만, 그때는 여자가 아버지나 남편 없이 살기 힘든 때였다.

라울이 6살 때, 어머니는 변호사인 프레드릭 폰 다렐과 재혼했다.

새로운 가족은 어머니뿐 아니라 라울에게도 든든한 울타리가 되었다.

라울은 할아버지와 함께 있을 때 자신이 발렌베리 사람임을 느꼈지만,

다음 해에 할아버지가 근무지로 떠나자, 다시 외로움을 느꼈다.

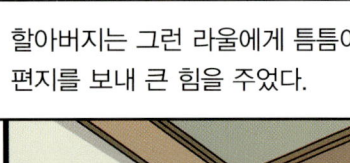

• 콘스탄티노플: 현재, 터키의 이스탄불

고등학교를 졸업한 후, 라울 역시 집안의 전통에 따라 군인이 되었다.

제대한 후에는 미국의 미시간 대학으로 유학을 갔는데,

전공은 금융이나 경제가 아닌 건축이었다.

어차피 졸업하면 은행 일을 배울 테니, 하고 싶은 공부를 하는 것도 좋다고 생각해서요.

라울은 방학이면 차를 얻어 타며 미국 전역을 여행했다.

강도를 만나는 위험한 때도 있었지만,

그 모든 과정이 즐거웠다.

그래도 날씨도 좋고, 몸도 안 다쳐서 다행이야!

• 캬슈루트: 유대인들이 지키는 식사법으로, 먹기에 합당한 음식과 그렇지 않은 음식을 구분하고 먹는 방법도 정해 놓는다. 캬슈루트에서 먹기에 합당한 음식을 '코셔'라고 한다.

뉘른베르크 법

1935년 독일 뉘른베르크에서 나치당의 대규모 대회가 열렸다. 이때 '뉘른베르크 법'이라 불리는 '독일 제국 시민법'과 '독일인의 혈통과 명예를 지키려는 법(순혈 보호법)'을 만들어 발표했다. 이 법은 유대인의 선거권과 시민권을 빼앗고, 독일인과 유대인의 결혼을 금지했으며, 결혼할 경우 강제 노동에 처한다는 내용도 포함했다. 시민권을 빼앗긴 유대인은 독일 내에서 물건을 사고팔 권리도 잃었다. 그리고 여권에는 'J(Jude, 유대인)'라는 붉은색 도장이 찍혔다.

100년 기업을 키우다!

장기적인 주주 가치 창조

"장기적인 관점에서 생각하는 것이 최선의 수단이다." 이는 발렌베리가가 기업을 경영하는 지혜이자 수많은 위기 속에서 소유 기업들에 대한 장기적인 책임을 기꺼이 떠맡아 온 원동력이에요. 앞을 내다보는 적극적인 투자만이 기업의 장기적인 성장과 더 높은 기업 가치를 약속해 준다고 믿었지요. 이러한 믿음은 발렌베리가를 미국이나 유럽의 다른 산업 그룹과 구별시켜 주는 가장 큰 특징이 되었어요. 발렌베리가가 장기 투자에 적극적이었던 만큼 발렌베리가 소유 기업들의 연구 개발 예산은 단연 독보적이었으며, 기술 혁신

스웨덴 스톡홀름에 있는 발렌베리 인베스터 본사. 이 건물에는 야코브 발렌베리 회장을 비롯해 발렌베리 소유 기업들의 의사 결정을 좌우하는 인물들이 모여 있어요.

도 가장 활발하게 이루어졌어요. 발렌베리가는 스웨덴의 미래가 기술 확보에 달렸다고 믿어, 더 많은 특허권과 더 많은 연구 개발자를 확보하려고 끊임없이 노력했어요. 현재까지도 스웨덴 과학 기술 분야의 최대 후원자로 남아 있어요.

"선장이 우선, 그 다음이 배" 원칙과 독립 경영

이는 훌륭한 최고 경영자만이 성공 기업을 만들 수 있다는 발렌베리가의 원칙을 표현한 거예요. 발렌베리가의 성공 비결은 한마디로 옳은 사람을 선택했기 때문이에요. 발렌베리가는, 기업이 부실한 까닭은 무능력한 경영자에게 있음을 깨닫고, 구조 조정

프로그램으로 최고 경영자를 바꾸는 것에서부터 시작했어요. 이후 발렌베리가는 최고 수준의 경영사 그룹을 관리하는 동시에, 소유 기업이 맞닥뜨린 문제들을 이겨 낼 능력 있는 인재들을 찾아내 키우는 데 온 힘을 기울였어요. 이렇게 형성된 전문 경영인 그룹은 발렌베리 그룹을 떠받치는 핵심 기둥이 되었어요. 이들은 막강한 자율성을 가지고 여러 자회사를 맡으면서 인생의 전부를 발렌베리 그룹에서 보냈어요. 자회사의 사장을 거친 경영자들은 서로의 경영 기술과 지식은 물론 사적 연결망을 공유했어요. 소유 기업들의 활동을 조율하며 강력한 경쟁력의 원천으로 자리 잡았지요. 발렌베리가는 모든 기업을 하나의 독립 기업처럼 운영했어요. 자회사들은 이사회를 중심으로 독립적으로 운영되었어요. 발렌베리가는 자회사들을 두 리더로 하여금 나누어 맡게 해서 자회사의 경영에 적극적으로 참여해요. 발렌베리가의 소유 기업에서 최고 경영자로 활약했던 이들은 여러 자회사의 이사를 겸하면서 발렌베리가의 경영 원칙과 철학을 구체화하는 역할을 해내요. 이사 겸직 제도가 만들어진 배경을 보면, 뛰어난 안목을 갖춘 경영자의 수가 매우 제한되어 있음을 알 수 있어요.

적극적인 주인 의식과 과감한 구조 조정

발렌베리가는 다양한 업종의 기업을 소유한 점에서 서구의 일반적인 가족 소유 기업들과 확연히 구분돼요. 끊임없는 전문화, 국제 경쟁력, 재무 건전성에 대한 강조 등 모든 기업 경영에 공통적으로 적용되는 원칙들이 있다고 믿었어요. 발렌베리가는 화려한 명성에 비해 실제로 소유한 기업의 수는 얼마 되지 않았어요. 발렌베리가의 핵심 자회사는 14개로 150년 역사가 빚어낸 것들이지요. 모두가 세계적인 경쟁력을 지닌 뛰어난 기업들로, 완벽하게 짜인 소유 기업은 발렌베리가가 끊임없이 전문화를 추구해 왔음을 보여 줘요. 발렌베리가는 기업을 경영하는 데 국제 경쟁력을 확보해 해외에 진출하는 데 초점을 두었어요. 스웨덴 시장이 좁아 해외로 나갈 수밖에 없다고 판단했지요. 구조 조정 과정에서 발렌베리가에 인수된 기업들을 보면 편입된 이후에 수출 비중이 급격히 확대되었음을 알 수 있어요.

지분이 아니라 능력

발렌베리가는 리더십의 원천을 그들의 능력과 폭넓은 연결망에 두었어요. 절대 지분을 확보하는 것은 그 다음 문제였으며, 실제로 발렌베리가 소유 기업이라도 발렌베리가가 최대 주주가 아닌 기업도 적지 않아요. 즉, 지분이 아닌 능력에 의해 소유 기업을 이끌어 나갔지요. 발렌베리가는 지분을 확보하는 데 그다지 신경 쓰지 않았어요. 지분이 경영권을 보장해 주지는 않는다는 믿음 때문이었어요. 실제로 발렌베리가는 뛰어난 경영 능력을 바탕으로 모든 소유 기업에서 막강한 리더십을 발휘하고 있어요.

여기서 잠깐! 발렌베리 가문에서 가장 유명한 인물은?

경영자가 아니라, 2차 세계 대전 때 외교관을 지낸 라울 구스타프 발렌베리예요. 2차 세계 대전 당시 외교관 신분으로 독일 점령 아래 부다페스트에 들어가 헝가리 유대인 수십만 명을 스웨덴으로 탈출시켜 "스웨덴의 쉰들러"로 불려요. 전쟁이 끝나기 직전 지금의 러시아 어딘가에서 실종된 진정한 전쟁 영웅으로, 그의 용감한 업적은 영화와 TV 프로그램으로 만들어져 후세에 전해지고 있어요. 《발렌베리: 실종된 영웅》의 저자 카티 마톤은 그의 책에서 발렌베리 가문을 이렇게 묘사했어요. "스웨덴에서 발렌베리가는 자본주의, 힘, 봉사와 동의어이다. 그들은 150년 동안 스웨덴의 주류 세력이었다. 발렌베리가 역사상 가장 성공한 자본가 왕조의 위치에 처음 올라선 것은 19세기 중반으로 이는 메디치나 로스차일드, 록펠러에 견줄 만한 위치였다."

라울 발렌베리의 업적을 기리는 인베스터 본사 근처 작은 공원의 조형물

1939년, 독일이 폴란드를 공격했다. 영국과 프랑스가 손잡고 전쟁을 선언하면서 유럽은 2차 세계 대전의 소용돌이에 휘말렸다.

헝가리는 독일에 협조한 덕에 수도인 부다페스트 사람들에게 전쟁은 남의 나라 일이었다.

하지만 독일을 위해, 소련*에서 벌어진 전투에 군대를 보내는 등 희생을 치러야 했다.

• 소련: 소비에트 연방의 약자. 연방에 속해 있던 많은 나라들이 독립하고 지금은 러시아로 바뀜.

• 핌퍼넬 스미스: 1905년 발표된 고전모험소설 〈The Scarlet Pimpernel〉이 원작. 1941년 주인공 이름과 같은 핌퍼넬 스미스라는 제목의 영화로 제작되었다. 라울 발렌베리에게 영감을 준 영화로 알려져 있다.

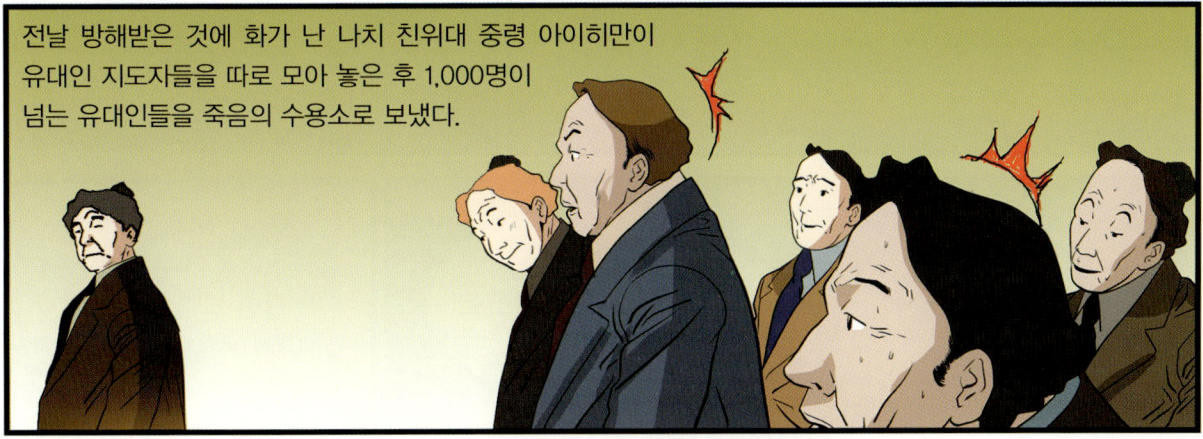

전날 방해받은 것에 화가 난 나치 친위대 중령 아이히만이 유대인 지도자들을 따로 모아 놓은 후 1,000명이 넘는 유대인들을 죽음의 수용소로 보냈다.

라울이 사들인 건물들

라울은 미국 국방성의 도움으로 헝가리 부다페스트에 32채의 건물을 샀다. 건물들은 '스웨덴 도서관', '스웨덴 연구소' 등의 이름으로 스웨덴 국기를 내걸었고, 정문에는 반짝이는 스웨덴 정부의 방패 모양의 문장을 달았다. 이 건물들은 치외법권이 적용되는 곳, 즉 헝가리 정부나 나치가 함부로 할 수 없는 스웨덴의 보호 아래에 있는 공간이 되어 수많은 유대인이 몸을 숨기는 은신처가 되었다.

전쟁이 거의 끝나 가면서 독일의 힘도 약해졌지만, 나치는 그런 중에도 유대인이 가장 많이 살아 있는 헝가리로 친위대를 보냈다.

우리의 임무는 단 하나다! 이곳에 남은 유대인 쓰레기들을 모두 청소하는 것!

사람들을 위협하려고 아이히만 중령은 매일 거리 행진을 했다.

다시 유대인들을 모으려나 봅니다.

나도 들었어요. 겉으로는 벽돌 공장 일꾼을 모집한다지만, 사실은 모아서 가스실에서 죽일 거라더군요.

큰일 났어요! 어젯밤, 유대인 지도자 몇 명이 고문 끝에, 라울의 탈출 작전을 말한 모양이에요!

페렌츠 중령이 연락해 왔는데, 아이히만의 명령으로 유대인을 실어 나를 기차가 준비되었대요.

빌모스, 빨리 중령에게 가 봅시다!

• 전범: 전쟁 범죄를 저지른 사람.

• 화살십자당: 1935년부터 1945년까지 있었던 헝가리의 정당(정치 단체). 나치즘과 파시즘을 주장하고 유대인들을 경멸하며 2차 세계 대전 말까지 수많은 유대인을 헝가리에서 쫓아내거나 학살하는 일에 앞장섰다.

나치와 화살십자당의 손아귀에 들어간 헝가리 정부는 모든 보호 여권을 무시하겠다고 발표했다.

라울은 평소 알고 지내던 외무부 장관 부인을 찾아갔다.

남작 부인, 스웨덴 보호 여권을 가진 사람들이 위협을 받아요!

우리에겐 그들의 명단이 있고, 실종되거나 살해되면 확인할 수 있습니다!

누가 그들을 해친다는 거죠?

새 정부가 보호 여권을 무시하겠다고 발표했습니다. 그 말은 헝가리에 있는 유대인들을 모두 죽이겠다는 뜻입니다.

로마 교황 대사가 발행하는 여권과 스위스와 스웨덴 여권을 가진 사람은 그 나라의 보호를 받는 국민으로 인정합니다.

노블레스 오블리주

"노블레스 오블리주"란 고귀한 신분에 따르는 도덕적 의무와 책임을 뜻해요. 이는 지배층의 도덕적 의무를 뜻하는 프랑스 격언으로 정당하게 대접받으려면 "명예(노블레스)"만큼 의무(오블리주)를 다해야 한다는 거예요. 즉, 지도층의 솔선수범을 말하며, 특권에는 반드시 책임이 따르고, 고귀한 신분일수록 의무에 충실해야 한다는 거예요. 스웨덴 최고의 부자는 아마 대다수 사람이 발렌베리가라고 생각할 거예요. 발렌베리가 자회사들이 국내 총생산의 30%를 차지하지만, 그렇다고 스웨덴 최고 부자는 아니에요. 세계 최대의 가구 업체인 이케아(IKEA)를 소유한 캄프라드(KAMPRAD)나 우유 용기인 테트라 팩을 발명한 테트라 라발(TETRA LAVAL)의 라우싱(RAUSING) 가문에 미치지 못해요.

기업의 생존 토대는 사회

캄프라드와 라우싱 가문은 세금을 피해 스위스로 옮겨 갔어요. 하지만 발렌베리가는 스웨덴에 남아 자신들이 일군 부를 발렌베리 재단에 기부해 사회에 환원해요. 적극적인 사회 공헌을 바탕으로 스웨덴 국민들의 존경의 대상이 되었지요. 발렌베리 재단에 수익이 차곡차곡 쌓여 가는 구조와 달리, 발렌베리 경영자들의 개인 재산은 상대적으로 얼마 되지 않아요. 발렌베리 재단은 과학과 기술만이 스웨덴의 생존과 역동적인 성장을 가져올 거로 믿어, 스웨덴의 과학 기술 진흥을 위해 많은 활동을 했어요. 발렌베리 재단은 기초 과학 기술 연구를 적극 지원했지만, 산업적 관심이 연구 활동에 직접적인 영향을 미쳐서는 안 된다는 원칙을 굳게 지켰어요. 기초 과학 분야의 스웨덴 노벨상 수상자 모두가 발렌베리 재단의 도움으로 초기 연구를 시작한 과학자들이에요. 이 외에도 1960년대 말 실업에 빠진 노동자와 그 가족을 지원하기 위한 재단을 잇따라 설립하는 등 과학 기술 이외의 분야에서도 많은 활동을 펼쳤어요.

위기에 처한 조국을 구하다

"존재하지만 드러내지 않는다." 발렌베리가는 항상 대중의 눈길 밖에 머무르려고 노력했어요. 대중 매체의 조명을 받는 것을 금지했지요. 하지만 이러한 원칙에도 공동체가 위기에 처했을 때는 언제나 자신들의 역할을 기꺼이 떠맡아 왔어요. 가문의 창립자 앙드레는 스웨덴의 근대적 개혁의 열렬한 옹호자이자 정치인으로, 미터법의 도입에서 여성 해방에 이르기까지 수많은 문제를 신문에 실었어요. 그의 아들 크누트는 1차 세계 대전 기간 동안 스웨덴의 외무 장관을 맡아 영국의 해상을 막아 일어난 심각한 전시 무역 위기를 극복하는 데 크게 기여했어요. 다음 세대인 야코브와 마르쿠스 주니어 역시 2차 세계 대전에서 큰 활약을 했어요. 전쟁 중에도 국제 무역이 지속되기를 원했던 스웨덴 정부를 위해 독일 및 영국과 힘겨운 논의 끝에 무역 협상을 성공적으로 이끌어 냈어요. 그 후에도 발렌베리가는 스웨덴의 EU(유럽연합) 가입 문제를 최초로 제기하는가 하면, 여론을 설득하고자 많은 노력을 기울였어요.

여기서 잠깐! 발렌베리 재단

발렌베리가의 개별 구성원이 자금을 지원하는 공립 및 사립 재단을 두루 일컬어요. 스웨덴 경제를 움직이는 큰손으로, 과학 분야에 집중 지원해요. 재단은 스웨덴의 우수한 연구원 및 연구 프로젝트에 기금을 지원하고, 1917년 이래로 280억 스웨덴 크로나•(한화 3조 4천억원 규모) 이상을 기부 받아 운용하고 있어요.

• 스웨덴 크로나는 한때 유로화 도입을 추진하였으나 국민들의 반대로 무산되었다.

발렌베리 재단 최고 경영자 고란 샌드버그 박사. 전 세계에서 몰려드는 과학 프로젝트에 대한 선정 및 지원 역할을 맡아요.

아홉 번째 이야기
어둠 속에서 더욱 빛나는 별

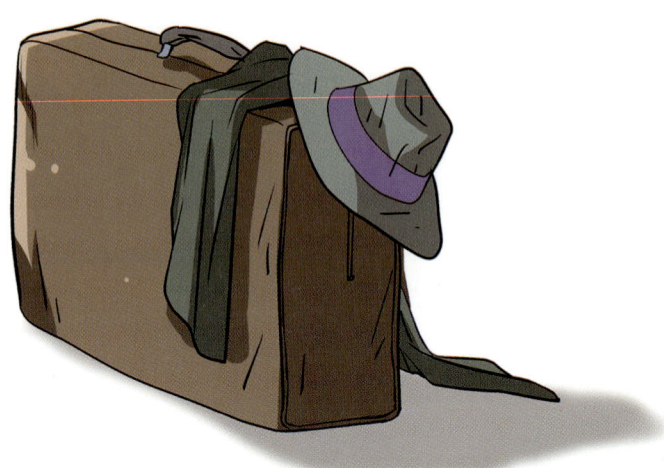

독일군 트럭이 라울의 차를 받는 사고가 일어났지만, 라울은 차에 없었다.

괜찮아요, 빌모시?

운 좋은 녀석…!

저는 괜찮습니다. 조심하세요. 아이히만이 노려요.

죽는 건 두렵지 않지만, 우리에게 희망을 건 사람들을 생각해서 조심하겠습니다!

통과!

무장한 경찰이 감시하거나 끌고 가는 것처럼 하면 오히려 안전할 겁니다.

팔 설러이는 나치 친위대와 화살십자당의 정보도 주었고, 라울은 정보를 받는 대로 몸을 사리지 않고 사람들을 구하러 다녔다.

그리고 비밀리에 게토를 무장 경호원으로 둘러쌌다.

앞으로는 우리의 허락 없이 그 누구도 게토에 함부로 들이지 않는다, 알았나?

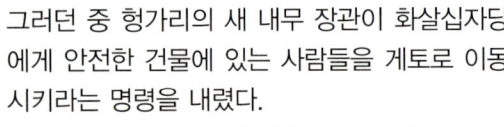

열 번째 이야기
사라지지 않는 별

라울 할아버지는 어떻게 되셨어요?

1945년 전쟁이 끝난 후에도 돌아오지 않으셨단다.

왜요?

무슨 일이 있었어요?

• 2016년 10월 31일 스웨덴 정부는 라울 발렌베리의 사망을 공식적으로 인정했으며, 그의 공식적인 사망일을 1952년 7월 31일로 결정했다.

• 라울 발렌베리의 인도주의 정신을 널리 실천한 개인이나 단체에 상을 주고 후원한다.

- 사브(SAAB): 스웨덴의 자동차 회사이다. 항공기 엔진을 만드는 기술로 안전한 자동차를 만드는 것으로 유명하다.
- 스카니아: 스웨덴의 중공업 기업이다. 주로 트럭, 버스, 산업용 디젤 엔진을 생산한다.

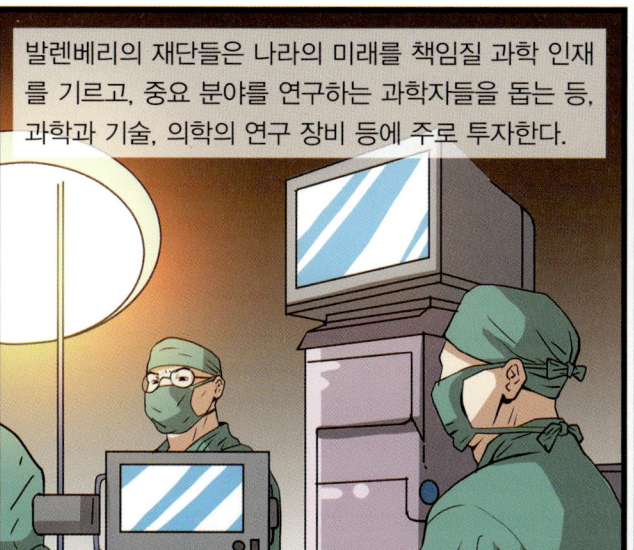
발렌베리의 재단들은 나라의 미래를 책임질 과학 인재를 기르고, 중요 분야를 연구하는 과학자들을 돕는 등, 과학과 기술, 의학의 연구 장비 등에 주로 투자한다.

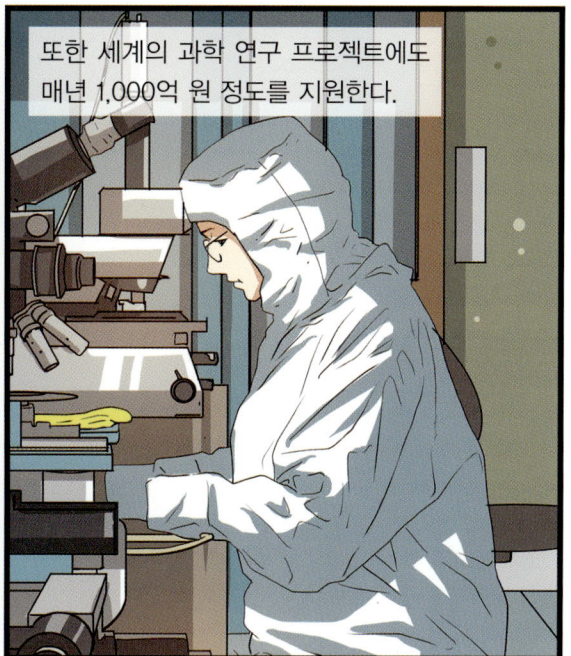
또한 세계의 과학 연구 프로젝트에도 매년 1,000억 원 정도를 지원한다.

발렌베리 가문은 국민과 나라를 위해 학교와 도서관을 짓고, 미래 리더도 키우는 집안이죠.

벌어들인 돈을 사회로 돌리는 기업 철학만큼은 정말 존경할 만하지요.

게다가 그 사람들은 직접 운전하고 다니며 쇼핑을 해서, 스웨덴 사람들은 그들을 특별한 사람이 아닌 보통의 이웃으로 여기죠.

발렌베리가의 자녀 교육 10훈

스웨덴의 발렌베리 그룹은 5대 150여 년 동안 세계적으로 존경받는 부자로 살아왔어요. 사회적으로 존경받는 비결은 무엇보다도 수익의 일정 부분을 사회에 내놓으며 양심적인 경영을 해 왔기 때문이에요. 스웨덴의 명문가답게 자녀 교육도 남달랐어요.

1. 해군 장교로 복무해 강인한 정신력을 기르도록 한다.
　인생은 거친 바다와 같아 언제 폭풍우와 거친 풍랑을 만날지 모르기에 강인하게 키워야 한다고 해서 해군 장교로 복무하게 한다고 해요. 몸과 정신력을 강인하게 단련시키려면 거친 바다만큼 좋은 곳이 없다고 생각하기 때문이지요.

2. 명문대와 세계적인 기업에서 넓은 안목을 기른다.
　아이가 훌륭한 사람으로 성장하기를 바란다면 부모는 아이를 넓은 세상으로 내보내 시야를 넓히도록 이끌어 주어야 하지요. 아이가 스스로 꿈을 찾아 떠난다면 다행이지만, 그렇지 않다면 아이가 세상을 더 멀리 내다보고 자립하는 힘을 키우도록 부모가 도와주고 협조해야 해요.

스웨덴 내 발렌베리 가문 대저택

3. 국제적인 인맥 연결망을 만든다.
세계 유명 대학에서 경영학 석사(MBA), 정통 엘리트 코스를 거친다고 해요. 우리나라 기업인들은 물론 지식인들도 이런 코스를 밟지요.

4. 대대로 내려오는 원칙을 공유하고 중시한다.
발렌베리 가문이 존경받는 부자로 명맥을 이어 왔던 것은 가문의 구성원들이 대대로 이어져 내려오는 원칙을 따르고 실천하는 데 있었다고 해요.

5. 돈을 번 만큼 사회에 돌려주는 것이 당연하다.
우리나라 부자는 보통 세습돼요. 사회에 환원한다면 2세에게도 좋은 본보기가 될 거예요.

6. 일요일 아침마다 자녀들과 산책하며 함께 시간을 보낸다.
이것은 가장 중요한 가정교육 방법이에요. 부모님과의 아름다운 추억은 자녀가 평생 살아가는 데 큰 도움이 돼요.

7. 형제간 옷을 대물림하며 검소한 생활을 몸에 익힌다.
자동차 등 겉모습으로 명예와 직위를 판단하는 우리를 반성하게 해요. 우리도 의식 있고 검소한 생활을 하는 어른들을 본받아야 해요.

8. 결코 튀지 않게 행동한다.
겉으로 보이는 명성보다는 정신적인 가치를 중요시하고 내실을 다지는 것을 추구해요. 우리나라와는 달리 외부에 노출되는 것을 의도적으로 피한다고 해요.

9. 할아버지가 손자의 스승이 되어 지혜를 전한다.
할아버지와 할머니가 손자를 직접 교육하는 것은 정서적으로 매우 중요해요. 생활 속에서 주고받는 대화를 통해 자연스럽게 세상을 사는 지혜를 배우게 되지요.

10. 후계자가 되려면 먼저 애국심을 갖춰야 한다.
경영자에게 요구되는 덕목인 열정, 리더십, 애국심, 도덕성을 꼭 갖춰 국가 발전에 기여하는 기업인으로서의 자질을 검증받는다고 해요. 높은 신분에 걸맞은 도덕적 의무인 "노블레스 오블리주"가 후계자의 제1 조건이기 때문이에요.

되짚어 보고 생각해 보고

기억해 봅시다

1. 발렌베리가의 검소한 가풍과 관련 없는 것은 어느 것인가요?
   ① 아이들은 형이나 언니 옷을 물려받아 입게 했어요.
   ② 여름에는 정원 잡초를 뽑고, 갈퀴질을 하게 했어요.
   ③ 용돈은 매주 최소한만 주고, 그중 일부는 저축하게 했어요.
   ④ 옷이 헤지면 안팎을 뒤집어 재단사가 다시 꿰매도록 뜯어내게 했어요.
   ⑤ 미디어와 많이 접촉하게 해서 신문에 자주 오르내렸어요.

2. 발렌베리가는 5대 150년 동안 전 세계적으로 그리고 사회적으로도 존경받는 부자로 지내 왔어요. 발렌베리가의 자녀 교육 10훈에 속하지 않는 것은 어느 것인가요?
   ① 명문대와 세계적인 기업에서 넓은 안목을 기르게 했어요.
   ② 할아버지가 손자의 스승이 되어 지혜를 전하게 했어요.
   ③ 일등을 해야 무시당하지 않는다고 생각해 튀는 행동을 하게 했어요.
   ④ 형제간 옷을 대물림하며 검소한 생활을 몸에 익히게 했어요.
   ⑤ 해군 장교로 복무하며 강인한 정신력을 기르게 했어요.

3. 발렌베리가는 부모의 도움 없이 학비를 직접 벌어 쓰게 하는 것을 원칙으로 했어요. 후계자들이 가문의 정신을 이어 가도록 한 것과 거리가 먼 것은 어느 것인가요?
   ① 견제력   ② 자립심   ③ 돈의 소중함   ④ 절약 정신   ⑤ 성취감

4. 발렌베리가가 150년 넘게 스웨덴 국민들에게 존경받는 이유가 아닌 것은 무엇인가요?
   ① 가문의 이익금의 85%를 공익 재단에 기부하고, 사회에 환원해요.
   ② "존재하되, 드러내지 않는다."는 경영 철학을 오랫동안 실천하고 있어요.
   ③ 철저히 능력 위주로 후계자를 정해요.
   ④ 가문의 사람들은 개인적으로 기업의 이익을 사용할 수 있어요.
   ⑤ 독단적인 경영의 피해를 막고자 두 명의 외부 경영인을 두어요.

정답: 1.⑤ 2.③ 3.① 4.④

생각해 봅시다

1. 발렌베리가의 가훈은 "존경받는 부자가 되라."였어요. 발렌베리 집안사람들은 매주 일요일마다 이 가훈을 되새겼다고 해요. 여러분 집안의 가훈은 무엇이며, 어떤 의미가 있는지 적어 보세요.

2. 발렌베리가는 기업 활동을 통해 축적한 부를 자신들의 몫으로 돌리지 않고 기부와 자선 활동에 사용해요. 여러분은 돈을 어디에, 어떻게 써야 가치 있다고 생각하는지 그 이유를 말해 보세요.

3. 발렌베리가는 150여 년이 지난 현재까지 5세대 발렌베리 후손들이 스웨덴의 금융가와 기업가로 활발히 활동하고 있어요. 스웨덴에서 가장 부유하고 존경받는 가문이지요. 여러분 집안은 어떤 점에서 주위 사람들에게 존경받는지 친구들에게 이야기를 들려주세요.

4. 발렌베리가는 자녀들에게 거친 항해 경험을 통해 강인한 정신과 넓은 시야를 길러 주려고 했어요. 여러분의 부모님은 어떤 방법으로 정신력과 안목을 길러 주는지 그 예를 들어 보세요.

발렌베리가 연보

1826
북유럽 스웨덴 수도 스톡홀름에서 남쪽으로 떨어진 바닷가 마을에서 앙드레 오스카 발렌베리가 태어남.

15살 어린 나이로 미국으로 떠나는 상선의 갑판원이 됨.

2년의 선원 생활을 마치고 집으로 돌아옴. 다시 부모님을 설득해 왕립 해군 사관학교에 입학함.

아버지가 병으로 갑자기 세상을 떠남.

1835
발트해, 앙드레와 해군 동료들이 탄 배가 태풍에 침몰함. 앙드레는 다행히 살아남았지만, 배와 전우를 잃고 해군으로서 불명예스럽게 혼자 살아남.

1835년 즈음, 이민자들의 꿈과 야망으로 세워진 기회의 땅 미국이 빠르게 발전하는 것을 봄.

1836
앙드레가 고향으로 돌아감. 돌아가는 배 속에서 미국에서 구한 은행에 대한 책들을 읽고 또 읽음.

시험을 보고 다시 해군 장교가 됨.

인정받는 해군 장교로 성장하는 한편, 은행에 대한 공부도 꾸준히 함.

1846
스웨덴 최초의 스크루 증기선인 린셰핑호 선장이 됨.

첫 번째 부인 카트리나와 결혼함.

해군 복무 외에 배 만드는 조선소를 운영하고 투자 일도 적극적으로 함.

1850
시민들의 지지를 받아, 스웨덴 중부 순스발 지역의 해군 책임자 겸 지역 대표 의원이 됨(정치 활동은 스웨덴 의회, 스톡홀름 시의회 등을 거치며 이후 30년 동안 계속됨).

앙드레의 첫번째 부인이 아이를 낳다가 세상을 떠남.

1856
시련을 딛고 앙드레가 스웨덴 최초의 현대 은행인 스톡홀름 엔실다 은행을 엶.

1857
결혼하지 않은 여성도 재산을 갖거나 스스로 관리할 수 있다는 법이 통과됨.

42살의 앙드레 오스카 발렌베리는 여권 운동가이자 예술을 공부하는 안나 폰 시도우를 만남.

1861
오스카는 4년 열애 끝에 두 번째 부인 안나와 결혼을 함.

1870
- 1870년대 초 프랑스의 유명한 은행 사장이 앙드레의 은행에서 여성들이 적극적으로 일하는 모습을 보고 깜짝 놀람.
- 1870년대에 들어서면서 앙드레는 오늘날까지 발렌베리 가문의 경영 스타일이 된 '산업에 대한 긴 투자'를 시작함.
- 1870년대 후반 경기가 갑자기 나빠져 많은 기업이 위기에 몰림.

1872
- 오스카 아들 크누트가 20살이 되어 해군 사관 학교에서 주목받는 사관이 됨.
- 앙드레는 첫째 아들 야코브를 브라질 항해 중 잃는 슬픔을 겪음.
- 금 본위 제도: 스웨덴은 물론 네덜란드, 노르웨이, 덴마크 등이 이 제도를 씀. 영국에서 처음으로 시작했는데, 은행에 금을 맡기고, 그 가치만큼 종이에 적어 가지고 사용함.
- 프랑스는 금과 은을 둘 다 쓰는 복본위 제도를 취함.

1875
- 스웨덴이 공식적으로 미터법을 사용함.

1886
- 스웨덴의 산업화를 이끈 혁신적인 은행가이자 정열적인 정치가, 앙드레 오스카 발렌베리가 70살의 나이로 숨을 거둠.
- 앙드레의 첫 번째 부인 카트리나의 둘째 아들 크누트 발렌베리가 앙드레 다음으로 은행을 이어받음.(2세대 시작)
- 마르쿠스 발렌베리가 아버지의 뜻에 따라 해군 사관 학교를 졸업한 후 대학에서 법학을 공부함.
- 크누트-아버지의 낭만적이고 무모한 모험가 같은 성격을 물려받음.
- 마르쿠스 시니어-어머니 안나의 논리적이고 이성적인 성격을 물려받음.
- 크누트와 마르쿠스가 힘을 합치자, 스톡홀름 엔실다 은행은 스웨덴의 큰 기업들을 돕는 투자 은행으로 자리 잡음.

1911
- 은행이 회사의 주식을 갖고 운영도 하게 하는 법이 통과됨.
- 크누트-시대에 필요한 산업을 알아보는 눈이 있었음.
- 마르쿠스 시니어-그 일을 이루어 내는 감각이 있었음.

1914
- 1차 세계 대전이 일어나자 스웨덴은 중립을 선언하며 국가 경제가 흔들림
- 크누트 발렌베리가 스웨덴 외무 장관으로 임명됨.

1917 AB 디젤 모터사와 철도 회사인 니야 아틀라스가 합병함.

1918 1차 세계 대전이 막을 내림.

1927 크누트와 마르쿠스 시니어가 세대 교체를 선언함.
마르쿠스 시니어의 장남인 야코브가 스톡홀름 엔실다 은행 사장 직에 오름.
마르쿠스 시니어의 차남인 마르쿠스 주니어는 부사장 직에 오름.
(3세대 시작)

1936 라울 발렌베리가 외국 생활을 정리하고 스웨덴 귀국 길에 오름.

1937 라울 발렌베리에게 할아버지가 돌아가셨다는 슬픈 소식이 전해짐.

1939 야코브 삼촌의 주선으로 칼만 로어와 만남.
폴란드를 침공한 독일에 영국과 프랑스가 연합국을 만들어 전쟁을 선언하면서 유럽이 2차 세계 대전의 소용돌이에 휘말림.

1943 라울 발렌베리는 전쟁이 한창일 때 자신의 운명에 결정적인 영향을 끼친 영화 《핌퍼넬 스미스》(고고학자로 위장해 박해받는 유대인을 구출해 내는 내용)를 보게 됨.

1944 4월 라울 발렌베리와 칼만 로어가 우려했던 일(하루에 1만 2천 명이 죽임 당함)이 발생함.
전쟁 난민 위원회가 중립국인 스웨덴을 거점으로 정하고 스톡홀름에서 비상 회의를 열었는데, 이 자리에 칼만 로어도 참석함.
12월 연합국이 헝가리의 대부분을 점령하고 부다페스트로 진격해 옴.
부다페스트는 포위되었고, 사람들은 대부분 피난을 감.

1945 1월 13일 토요일, 소련군 200여 명이 독일군을 밀어내고 부다페스트에 입성함.
9월 9일 2차 세계 대전이 끝남.

1950 야코브가 스톡홀름 엔실다 은행의 회장 자리로 돌아옴.

1957 소련 정부가 라울 발렌베리가 심장마비로 1947년에 이미 세상을 떠났다고 발표함.

1968 자동차 회사인 사브와 스카니아가 합병됨.

1969 마르쿠스 주니어가 스톡홀름 엔실다 은행의 회장이 됨.

1981 "인도주의적 이상과 비폭력의 용기를 실천한 라울 발렌베리를 기리는 위원회"가 만들어짐.
10월 5일을 "라울 발렌베리의 날"로 정함.

1982 마르쿠스 주니어의 둘째 아들인 페테르가 인베스터(AB) 회장이 됨.
(4세대 시작)

1988 소련 정부는 라울 발렌베리가 실종될 때 가지고 있던 물건들을 보내 줌으로써 죽음을 증명함.
라울 발렌베리의 도움으로 목숨을 구한 사람들이 그를 기리기 위해 여러 곳에 동상을 세우고 교회와 성당, 학교를 지음.

1997 마르쿠스 주니어의 아들인 페테르가 인베스터의 명예 회장으로 물러남.
마르크의 아들인 마르쿠스는 SEB의 회장 직을 맡음.
페테르의 아들인 야코브는 지주회사인 인베스터의 회장 직을 맡음.
(5세대 시작)